LETTRE

AUX MÉTAYERS

sur

L'IMPOT COLONIQUE

par

PAUL VERNAISON

DOCTEUR EN DROIT

AGRICULTEUR

PRIX : 3 fr. 50

LETTRE

AUX MÉTAYERS

sur

L'IMPOT COLONIQUE

par

PAUL VERNAISON

DOCTEUR EN DROIT

AGRICULTEUR

C'est pour vous collaborateurs modestes et courageux que sont écrites ces lignes : pour vous qui,
dans les jours les plus longs, levés avant l'aube ne
dormez pas encore quand il fait nuit ; vous que ni les
ardeurs du soleil, ni les morsures de la bise et de la
pluie n'ont arrêtés, vous qui peinez toujours . . . .

Mais ces lignes ne sont pas pour vous plaindre de
cette peine physique, car cette activité qui dompte les
muscles et les fatigue, elle est celle de tous ceux qui
vivent vraiment et qui veulent vivre ; elle est la terreur
seulement des lâches, mais aussi l'orgueil des forts,
elle est seule saine et la plus vraie.

Non c'est à vous que je songe, vous qui les épaules
voutées, la démarche pesante et le front bas suivez d'un
œil morne le sillon tracé par la charrue : vous qui n'avez
pas à votre ouvrage cette ardeur qui rompt les obstacles
et qui fait le succès, vous qui peinez sans goût, travail-
lez sans plaisir, parce que vous savez que votre travail
ne sera pas pour vous.

Se peut-il donc qu'il se rencontre des hommes propriétaires de terrains ou fermiers, qui sous le couvert
d'un contrat de société comme le métayage exigent de
leur collaborateur plus qu'il ne doit ? Malheureusement
il en existe, et nombreux sont encore ceux dont les
livres aux règlements de fin d'année mentionnent des
prélèvements qui ne sont pas équitables. Il sont encore
trop ces hommes qui ne donnent à l'associé pour vivre
que quand eux-mêmes n'ont plus besoin ; ils sont encore trop ces livres noirs en deux colonnes, vol et

fortune, peine et misère. Gardez, métayers, gardez soigneusement vos livres de comptes, c'est l'injure que vos fils lanceront à la face de vos exploiteurs enrichis.

Et pourtant ce n'est pas la révolte que je voudrais prêcher : l'expérience a montré que cette marche n'est pas la bonne ; les syndicats de défense des métayers ont échoué et ils devaient échouer parce qu'ils s'insurgeaient contre des conventions écrites et librement débattues par les parties ; or de semblables conventions font la loi de ceux qui les ont souscrites : parce que pour cette même raison il ne peut pas être question de grève car il ne s'agit pas de revendications tarifées et uniformes et surtout parce que l'entraînement est des plus problématiques : ceux qui estiment qu'ils n'ont rien à réclamer resteront tranquilles et ceux qui réclameront seront immédiatement remerciés.

Non : notre but est simplement le suivant : étant donné qu'on a beaucoup crié contre l'impôt colonique voyons ce qu'est cette redevance présentée sous le nom d'impôt ; voyons si elle est légitime et quel abus on a pu en faire. Mais si vous avez métayers des griefs à faire valoir ne les exagérez pas : il se trouve en effet des misérables qui consentent à subir des conditions onéreuses pour pouvoir assurer seulement leur existence : si d'une table il ne tombe que des miettes elles sont encore ramassées par ceux-là qui meurent de faim. Cela, nous voulons croire que c'est l'exception, mais enfin c'est un fait : voyons donc ensemble où commence et où s'arrête le droit de chacun : faisons en un mot de la lumière le plus possible, pour qu'au moins ni vous qui réclamez, ni ceux qui vous exploitent ne puissiez vous couvrir de cette excuse : « Nous ne savions pas ! »

CHAPITRE PREMIER

Un mot d'abord de notre contrat : nous possédons avec le métayage le plus parfait des systèmes d'amodiation au point du vue économique, dans les pays où l'on ne peut faire de la régie directe. Mais là où s'affirme surtout son excellence c'est au point de vue social, il réalise dans son humilité les désidérata de tous les travailleurs, l'alliance du capital et du travail, l'alliance de la pensée directrice et de l'effort fécond, car il est un contrat de société.

Cela, nous croyons l'avoir fortement établi autrefois et si dans le passé des divergences de vues se sont produites pour fixer la nature de ce contrat, si certains auteurs ont voulu tour à tour en faire un louage de choses, un louage d'ouvrage et d'industrie, rien ne peut subsister juridiquement de ces doctrines, le métayage est et reste de nos jours un contrat de société. A ce titre il comporte essentiellement le partage par moitié des bénéfices de l'exploitation, par moitié aussi la contribution aux pertes.

Et alors, direz-vous, si le partage par moitié des bénéfices est de l'essence même du contrat de métayage, que vient faire cette institution parasite de l'impôt colonique ?

Qu'est-ce donc que cet impôt colonique ?

Ce mot d'impôt frappe déjà singulièrement les imaginations simplistes, il est mal venu et n'exprime pas clairement la chose : gardons-le cependant, il se suffit tel qu'il est. — L'impôt colonique est, avant tout partage, un prélèvement sur les bénéfices du métayer, d'une somme d'argent variable suivant les exploitations.

Voilà donc l'équilibre rompu, l'égalité détruite et d'une manière vexatoire : c'est, d'abord et avant tout partage, que le métayer doit cette somme d'argent.

Peut-on raisonnablement faire confiance à une institution qui se réclame de l'égalité et qui débute dans son application par une injustice à l'égard de l'un des associés ?

Eh bien oui, on peut lui faire confiance, parce que là comme ailleurs ce n'est pas l'institution qui a tort, mais bien les hommes qui s'en servent.

*\
* *

Dans une exploitation en métayage, le métayer a droit à la moitié des bénéfices des ventes, diminué de la moitié du montant des achats, rien ne saurait être plus simple en principe; il n'en est pas de même dans l'application.

Certaines choses ne peuvent en effet aisément se partager par moitié, car si le propriétaire a la direction de l'entreprise, il ne s'en suit pas qu'on doive entendre par ce mot de direction une surveillance constante de tous les instants. Cette surveillance qui serait déjà difficile pour un seul domaine deviendrait impossible dans une grande exploitation. Le directeur ne saurait être partout à la fois, dès lors comment savoir si la moitié due de certains produits lui sera parfaitement, intégralement réservée. Saura-t-il sans assister à chaque traite, quelle quantité de laitage la métayère aura recueilli? Saura-t-il le nombre des volailles et pourra-t-il tenir une comptabilité des pertes ? Non : en raison de ces difficultés pratiques, pour éviter surtout avec son colon des froissements de tous les instants, des discussions de nature à nuire à la bonne marche de l'entreprise, le propriétaire laissera au métayer par exemple les œufs, le laitage et les volailles, à l'exception des grosses sur lesquelles le contrôle est facile ; c'est donc là le métayer qui ne partage plus et qui prend tout.

Il est juste que le propriétaire retrouve en argent ce qu'il abandonne en nature et il aura donc le droit d'inscrire au doit du métayer une somme proportionnée à l'avantage recueilli par ce dernier.

Voilà le premier facteur de l'impôt colonique : une somme représentative de la moitié due au propriétaire dans certains produits difficilement partageables en nature.

Ce n'est pas tout : le métayer trouve dans son domaine des avantages auxquels son associé ne participe pas : il a pour lui seul le produit de son jardin, il vit avec sa famille sur les pommes de terre communes, il garde pour lui la tonte des haies, laquelle dans certaines contrées lui évite absolument d'acheter du bois ; il se sert pour son usage personnel des animaux du domaine aussi fréquemment qu'il en a besoin ; il fait avec l'assentiment du propriétaire, mais recevant seul la rémunération, des charrois pour des voisins ; il se fait payer les saillies des étalons qu'il détient quand il est autorisé à les prêter. Autant d'avantages que le propriétaire lui abandonne pleinement et dont il a droit cependant de prendre sa part. Il est donc juste qu'il puisse encore inscrire au doit du métayer une somme représentative de la valeur abandonnée.

Avantages personnels au métayer, voilà le deuxième facteur de l'impôt colonique.

C'est en somme un forfait, et ce n'est pas autre chose. Le propriétaire est censé dire à son métayer :

« pour tous ces produits difficilement partageables et
que je vous abandonne, pour tous les avantages auxquels je ne participe pas dans le domaine nous conve-
nons que vous paierez une somme de..... qui en
représentera a peu près la valeur. »

C'est là ce que nous appellerons la partie accidentelle de l'impôt colonique constituée par la réunion
des deux facteurs que nous venons de préciser; accidentelle en effet, et un tarif de principe ne se compren-
drait pas. L'évaluation de la somme à fournir est
subordonnée à l'existence des avantages : tel domaine
élevant tous ses veaux aura peu de lait, tel autre
n'aura pas de haies donc pas de bois, dans tel autre
à la porte d'un village il sera tout-à-fait impossible
d'élever des volailles etc...

*
* *

En regard de cette partie accidentelle de l'impôt
colonique, il faut ajouter malgré quelques critiques
une partie essentielle, variable aussi dans son application comme la partie accidentelle, et composée du
loyer de la maison d'habitation et de l'intérêt dû par
le métayer, en raison du non remboursement de la
valeur de sa part de cheptel.

Quoi qu'il fasse, où qu'il aille, il faut que le colon
se loge avec sa famille : n'importe où il paierait un
loyer et nous allons voir qu'il n'y a dans le cas présent
aucune bonne raison pour qu'il en soit dispensé. Bien
mieux encore : le colon qui vient cultiver un
domaine ne vient pas avec les seuls bras nécessaires
aux besoins de l'exploitation : il vient le plus généralement avec toute sa famille, des grands-parents
infirmes quelquefois, des enfants en bas-âge, huit ou
dix personnes souvent, dont cinq ou six au plus assu-

reront le travail. Régulièrement on devrait admettre que ces personnes vivant aussi sur la communauté devraient autoriser le directeur de l'exploitation à élever en proportion le montant de la partie accidentelle de l'impôt colonique : mais ce ne serait pas à notre avis une bonne mesure car le métayage ayant besoin de familles unies et nombreuses, il sied d'encourager cet esprit de famille non seulement dans les devoirs dûs à la descendance mais aussi dans ceux dûs aux ancêtres.

Cependant sous quelque aspect qu'on envisage la question, au point de vue du loyer, on ne voit aucun motif sérieux qui puisse dispenser le métayer de tenir compte au propriétaire de sa valeur.

Le secrétaire de la Fédération du Syndicat de cultivateurs de l'Allier, M. Bernard, essayait en 1910 d'écarter ce facteur de l'impôt colonique par l'argument suivant : « Il est naturel que les propriétaires logent ceux qui font valoir leurs terres : logiquement aucun loyer ne leur est dû pour cela. N'auraient-ils pas à loger leurs domestiques, s'ils remplaçaient le métayage par le faire-valoir direct »

L'argument n'est rien, c'est moins que rien : il n'y a là ni raisonnement ni raison.

Pourquoi est-il naturel d'abord que les propriétaires logent les métayers ? M. Bernard nous a-t-il énoncé des raisons capables de démontrer que cette manière de procéder soit naturelle ? Que veut dire naturel ? Conforme à la nature : laquelle ? celle du propriétaire, celle du métayer ou celle du métayage ? Celle du métayage probablement, mais encore faudrait-il expliquer pourquoi et malgré la meilleure volonté du monde on n'aperçoit aucun motif pour faire de cette dispense de loyer un accessoire naturel du métayage.

Et de cette absence de raisons M. Bernard conclut que logiquement aucun loyer n'est dû. Emettez si vous y tenez, cette conclusion mais émettez-là gratuitement et n'ayez pas la prétention de l'émettre logiquement.

Voilà ce qu'il aurait peut-être fallu dire logiquement : Le propriétaire loge gratuitement ses domestiques : par notre seule volonté le métayer est assimilé sur ce point à un domestique, donc il ne paiera pas de loyer. Je pense que c'est ce que M. Bernard a voulu dire ; de cette façon la forme du raisonnement est bonne, et la conclusion doit être juste si les deux propositions dont elle découle sont vraies.

Or elles ne le sont pas.

Est-il vrai d'abord que le propriétaire loge gratuitement son domstique ? Non. — De ce fait que le domestique loge dans l'habitation de son maître et qu'aux échéances habituelles il ne vient pas chercher sa quittance contre le paiement d'une somme d'argent, il ne s'en suit pas qu'il soit logé gratuitement. Le gage qui lui est consenti pour rémunérer son travail est calculé en tenant compte des avantages matériels offerts au domestique, et c'est si vrai, que ces gages sont différents suivant qu'un domestique est simplement loué pour son travail, ou est loué nourri et couché, ou nourri, couché, blanchi et raccommodé.

Engagez un domestique, logé par vous, moyennant un salaire de 800 fr., le logement qu'il occupe devient indisponible et comme vous tenez à conserver ce domestique vous le priez de chercher un logement en dehors : il vous demandera alors une augmentation de son gage, augmentation bien légitime, soit une somme de 100 fr., qui lui est nécessaire pour se loger ailleurs. Or ce domestique fera exactement le même travail chez vous et le seul fait que le lieu de son habitation soit changé vous oblige à lui donner 100 fr. de plus. Son travail n'étant pas plus productif qu'auparavant, cette augmentation dénote seulement que ce domestique estimait d'accord avec vous qu'il abandonnait une part de son travail égale à 100, pour le paiement de son loyer chez vous, comme il abandonnera une part équivalente à 600 par exemple, s'il est logé et nourri.

De ce fait qu'il ne paye pas en argent, il n'en suit pas qu'il ne paye pas, il paye en travail. Le métayer non plus ne viendra pas retirer une quittance; c'est à lui et au propriétaire à évaluer d'un commun accord pour quelle somme ce loyer doit entrer dans le montant de l'impôt colonique.

La deuxième proposition n'est pas plus vraie.

Le métayer ne peut pas être assimilé à un domestique, ni sur un point, ni sur un autre, ni pour le tout ni pour partie, nous avons autrefois démontré que le métayage est un contrat de société et ne pouvait pas être juridiquement un louage de services : n'y revenons plus. Et puis enfin, si l'assimilation proposée par M. Bernard était exacte, pourquoi ne pas généraliser? Il y a des domestiques logés, il y en a de nourris, il y en a même d'habillés : pourquoi n'en serait-il pas ainsi des métayers suivant les moyens et le luxe des directeurs d'exploitations?

On dit encore : la loi de 1889 fait une obligation au colon de résider dans les bâtiments affectés à l'habitation que le bailleur est tenu de lui fournir. C'est vrai, mais où voit-on que le bailleur soit obligé de la fournir gratuitement cette habitation. Il doit fournir le logement, dans l'exploitation elle-même de façon que le métayer ait à portée de la main son travail journalier, puisse exercer sur son monde et sur ses bestiaux la surveillance dont il est chargé, mais c'est tout et il est impossible d'étendre le texte législatif parce que nous sommes ici en face d'une obligation imposée par la loi, et que les obligations ne vont pas plus loin que le texte qui les limite.

Rien n'autorise donc le métayer à refuser le paiement d'un loyer : rien n'empêche le bailleur d'exiger ce paiement. Ce loyer sera donc par conséquent un élément, que nous appellerons élément essentiel de l'impôt colonique. Bien entendu, il est éminamment variable : les habitations ne se ressemblent pas : les unes sont commodes, les autres en mauvais état ; mais la valeur locative de ces logements est des plus faciles à apprécier ; soit par comparaison avec les autres maisons de la région soit en se reportant au loyer matriciel des feuilles d'impositions et c'est là tout au moins une matière au sujet de laquelle les contestations ne sauraient être ni longues ni graves entre les deux parties.

L'impôt colonique doit encore équitablement comprendre l'intérêt de la somme représentant la part du métayer dans la valeur du cheptel vif, part qu'il n'est jamais à même de rembourser. Le métayage type comporterait en effet l'attribution par moitié du cheptel à chacun des associés : dans la pratique, le métayer est incapable d'effectuer lors de l'estimation d'entrée ce remboursement qu'il devrait faire ; il ne peut se rétablir à son niveau et reprendre son rang qu'en tenant compte au propriétaire de la somme que celui-ci se trouve obligé d'immobiliser. Car s'il ne payait pas au moins cet intérêt, il se trouverait jouir du revenu d'un capital qu'il n'a pas aidé à constituer.

Cette obligation est d'ailleurs à l'avantage du métayer : le paiement de cet intérêt force le propriétaire à conserver la même valeur de cheptel, ce qu'il n'est absolument pas obligé de faire si le cheptel lui appartient presque en entier et s'il trouve préférable de placer ses capitaux ailleurs plutôt que de les immobiliser de cette façon.

Voilà à notre avis les éléments constitutifs de l'impôt colonique : certains auteurs en ont admis d'autres, voyons pourquoi nous les rejetons.

*
* *

Une opinion tend à admettre comme élément de l'impôt colonique une part correspondante aux impôts payés par le propriétaire.

A première vue il semble que l'équilibre soit rompu dans notre association par ce fait que le métayer ne participe pas à ces charges trop lourdes qui grèvent la terre dont il vit et que seul le propriétaire en assume le paiement.

Ce n'est pas notre avis :

Argumentant à la manière de M. Bernard nous pourrions asseoir notre manière de voir sur une simple assimilation du métayer à un locataire dispensé d'impôts, assimilation que nous n'aurions que la peine de déclarer logique. Heureusement d'autres motifs viennent à l'appui de notre théorie.

Nous pouvons en effet décomposer cet impôt qui frappe le propriétaire en deux parties : l'une l'atteignant à ce titre même de propriétaire, c'est-à-dire de citoyen détenant à sa fantaisie la plus étendue, la plus complète une partie du sol national, dont il peut faire ce que bon

lui semble, sur laquelle il a suivant l'expression latine le
« jus abutendi. » Il paie à ce point de vue parce qu'il
a quelque chose lui appartenant en propre, il paie en
quelque sorte la rançon de son droit de propriété.

A ce point de vue nous estimons que le métayer
ne doit rien : il ne participe pas à ce droit de propriété.

La seconde partie de l'impôt atteint le propriétaire
en sa qualité d'usufruitier, à cause de la jouissance qu'il
exerce sur son fonds à l'occasion des revenus qu'il en
retire. Or le métayer prend bien ici la moitié des revenus, faut-il donc lui faire supporter une part égale à
celle du propriétaire.

Non : à notre avis, même dans ce cas le métayer
ne doit rien. Et cela parce qu'il faut tenir compte d'un
fait qui a sa valeur et qu'on laisse trop facilement dans
l'ombre, dont on ne parle pour ainsi dire jamais.

Lorsqu'il se fait dans le domaine une amélioration
courante à laquelle participe le métayer soit de ses de-
niers, soit de son travail, le propriétaire s'imagine que
le métayer a récupéré la valeur de sa mise par le sur-
croît de production qui a suivi l'amélioration. Cela n'est
pas tout-à-fait juste. Et d'abord il n'est pas toujours
facile de savoir si une amélioration aura produit immédiatement tout son effet ; très souvent même elle ne la
produira qu'au bout d'un temps assez long et en tout
cas elle reste à la propriété et elle continuera à produire
pour le propriétaire à une époque où le métayer aura
cédé sa place à un autre. Le propriétaire se trouve donc
profiter alors ou du travail ou de la mise de fonds de
son métayer. Pour cette raison nous croyons qu'il ne
serait pas légitime de faire participer le colon au paiement des impôts.

Et enfin, si le fonds du propriétaire s'améliore par le travail, le fonds du métayer, entendez outillage et instruments agricoles, ne s'améliore pas, loin de là, et oblige à des renouvellements fréquents.

En résumé : améliorations, achats d'engrais dont l'effet se prolonge, usure de l'outillage voilà autant d'arguments pour écarter le métayer du paiement de la part d'impôts qui atteint le propriétaire comme rançon de la jouissance. Il y a là en somme compensation.

Faut-il encore l'affermir cette compensation ? On peut la fortifier de ce fait que le directeur de l'exploitation conserve par devers lui toutes les sommes provenant des ventes , d'un règlement à un autre, et de ce fait aussi que dans l'orientation de la marche d'une exploitation par un propriétaire, en vue de l'avenir, le métayer peut se trouver quelquefois subir un manque à gagner dans le présent.

*
* *

Un auteur d'un savoir non discuté et dont les écrits ont fait et font encore autorité dans la matière qui nous occupe, M. Méplain, exposait aux environs de 1864 une théorie qui avait pour but de faire de l'impôt colonique une sorte de régulateur entre la part due au propriétaire et celle due au métayer.

Voici d'ailleurs comment il s'exprimait : « Que le « propriétaire vérifie d'abord avec exactitude quelle « est la moyenne, en valeur numéraire, du produit brut « de son domaine, dont la moitié va devenir le salaire « rémunérateur du travail de son métayer.

« Qu'il s'éclaire ensuite sur la valeur en numéraire « du travail dont la somme est nécessaire pour procu- « rer ce produit brut.

« Ces deux termes trouvés, qu'il les compare : s'ils
« se balancent, il est évident qu'il n'a rien à demander
« au métayer au-delà de son travail. Si au contraire,
« la moitié du produit brut est supérieure à la valeur
« du travail, il a un droit certain à la prestation, comme
« il a droit à ne pas payer trop cher l'ouvrier jour-
« nalier qu'il emploie ; cette prestation pourrait être du
« montant total de la différence, mais ce serait là une
« exactitude si rigoureuse, qu'elle serait bien voisine
« de l'injustice. »

Cette théorie, soutenable à l'époque où son auteur
l'exposait, ne nous paraît plus possible aujourd'hui.

Et encore provenait-elle selon nous d'une confusion.
Il ne s'agit pas en effet dans un contrat de métayage d'é-
valuer le salaire du métayer ; ce qu'on doit seulement
évaluer ce sont les apports des deux associés. Il ne peut
pas être question de salaire, mais seulement d'appel à
la répartition des bénéfices et cela parce que l'essence
même du contrat de métayage est la contribution pour
portions égales aux bénéfices et aux pertes, avec l'accord tacite sur ce premier principe que les apports des
deux associés sont honnêtement équivalents.

Or si de ces apports l'un surpasse l'autre dans de
grandes proportions ne faites pas de métayage : vous,
métayers, ne prenez pas un domaine où votre travail
ne sera pas rémunéré par des bénéfices et vous propriétaires qui n'avez que des prés, n'allez pas prendre
un métayer pour soigner vos bestiaux trois mois d'hiver
et les regarder simplement le printemps, l'été et l'au-
tomne au tarif de la moitié des bénéfices : prenez dans
ce cas des domestiques, des salariés intéressés mais
ce ne seront pas des métayers.

Si vous étant livré au calcul recommandé par M. Méplain vous estimez de bonne foi que le travail du métayer est trop largement rémunéré et que vous êtes obligé de lui retrancher quelque chose, c'est que vous vous êtes trompé dans le mode choisi par vous de faire valoir ; c'est que votre domaine exige une somme de travail minime qui vous sera fourni à meilleur compte par des salariés, prenez des salariés.

Un calcul d'ailleurs excessivement difficile à établir est celui de la valeur du travail du métayer : ce domaine qui fait selon vous une part trop belle au colon, fera peut-être à son propriétaire un revenu trop minime quand il sera cultivé par des domestiques : il y a là un élément impossible à évaluer en argent : c'est la qualité du travail de celui qui opère pour lui, opposée à la qualité du travail fait pour les autres. On ne peut pas douter qu'il ne soit beaucoup plus productif et aussi plus intelligent. Le métayer vous semblera travailler peu aujourd'hui et ne pas faire de grands efforts ; c'est peut être seulement qu'il ménage un attelage fatigué ; le domestique ne s'inquiétera pas de cela et l'attelage périra pour le propriétaire seul ; un travail gagnera à être terminé le jour même, il le sera par le métayer, il ne le sera pas par le domestique qui ne donnera rien au-delà du temps qu'il doit.

On en arrive avec cette théorie à faire du métayer un domestique, qui n'a de métayer que le nom : on tronque le contrat de métayage en substituant à sa base normale, une base toute d'arbitraire. L'évaluation recommandée par M. Méplain devrait être faite non pas une fois pour toutes, mais nécessairement à chaque règlement de comptes, car les salaires sont variables les produits du domaine aussi et alors il pourrait arriver certaines années mauvaises, que le pseudo-métayer ne puisse même pas retirer une valeur équivalente à son travail.

Car on semble, en soutenant cette manière de voir, oublier que le métayage comme toute entreprise humaine est soumis à des risques, est pour une part fonction de la chance: l'exploitation est à la merci des éléments et des maladies. Supposez que la moyenne de la moitié des produits soit de 10 pour chacun des associés et qu'en vertu de cette évaluation de la valeur du travail du métayer le propriétaire ait établi son compte de la façon suivante ; le salaire du colon est égal à 8 il perçoit donc sur les 10 de bénéfices 2 en trop ; c'est donc cette somme de 2 dont le métayer sera redevable au propriétaire comme excédent de son salaire, bon an mal an. Admettez que l'année soit mauvaise et que la moitié des bénéfices tombe à 8 pour la part de chacun : si vous continuez à prendre 2 comme excédent du salaire vous lésez le métayer, car son salaire reste bien toujours égal à 8 et il se trouve à la fois souffrir la perte de production, et perdre encore sur son travail. Or cette contribution aux pertes sans rémission, doit avoir pour corollaire la contribution aux bénéfices sans réduction.

Le revenu d'une exploitation par métayage naît bien de deux facteurs : le travail de l'un des associés, le fonds et la direction de l'autre.

Mais c'est une erreur de chercher à délimiter l'influence de chacun de ces éléments dans la production : ce n'est pas une matière où l'on puisse évaluer en atomes comme en chimie, c'est l'effort combiné qui fait le succès, et le fonds n'est pas plus sans le travail que le travail sans le fonds.

Enfin si vous admettez le propriétaire à évaluer le travail du métayer dans le but de lui fixer un prix, admettez donc aussi le métayer à évaluer la direction du bailleur : souvent alors le bailleur serait en pertes, car s'il y a des directions intelligentes, il y en a de singulièrement dangereuses pour les métayers.

Quoi qu'il en soit on ne peut pas faire un grief à M. Méplain d'avoir émis cette théorie en 1864 : à cette époque le salaire de la main-d'œuvre était encore minime, les ouvriers agricoles en abondance, les instruments de culture peu coûteux parce que toujours ceux des ancêtres, le métayer avait en somme le minimum de frais.

D'un autre côté, c'était le début des améliorations foncières, c'était un peu la renaissance de l'agriculture et c'était pour les propriétaires la nécessité de construire, de faire des chemins, des drainages etc. : l'apport du propriétaire augmentant de valeur, le métayer ne participant pas à ces dépenses, l'équilibre se trouvait momentanément rompu. Qu'on ait cherché à le rétablir, c'est bien, mais il ne s'en suit pas qu'on doive encore aujourd'hui faire entrer dans l'impôt colonique l'élément indiqué par la théorie de M. Méplain.

Aujourd'hui la main-d'œuvre non contente d'être des plus rares et justement pour cette raison est à des prix exorbitants : les domestiques de fermes sont exigeants : il leur faut bonne table, congés, bonnes payes : ne nous élevons pas contre cette amélioration de leur sort, ils y ont droit comme chacun, mais enfin, c'est la bourse du métayer qui subit le contre-coup de ce bien-être. En outre, le colon ne peut plus se contenter des instruments de culture de ses grands-pères : il lui faut un matériel adapté aux besoins de l'agriculture moderne et cela constitue dans certaines exploitations une mise de fonds importante.

Son apport aujourd'hui équivaut à celui du propriétaire et les deux associés peuvent marcher sans arrière-pensée ; si l'exploitation est de celles qui se prêtent bien à l'établissement d'un pacte de métayage il n'y a pas lieu de s'inquiéter aujourd'hui d'unifier des apports qui sont sensiblement égaux. Car il ne faut pas oublier que le métayage n'est vraiment dans son rôle que dans les pays où l'emploi des machines agricoles à grand travail et à grands rendements n'est pas possible, où la main d'œuvre par conséquent est nécessaire. Le jour où vous pourrez dans votre propriété vous servir de ces instruments et supprimer une grande partie de la main-d'œuvre il est évident que vous n'aurez pas intérêt à laisser un métayer prendre la moitié des revenus de votre fonds : le seul parti avantageux sera dans ce cas d'adopter le faire-valoir direct ou de conclure sur la base du produit qu'il peut vous donner un pacte de colonage partiaire avec un homme qui ne sera plus un métayer.

A ceux qui, malgré toutes ces raisons, ne se rendraient pas à l'évidence, qu'il nous soit permis d'indiquer quel résultat on obtiendrait en faisant entrer dans l'impôt colonique l'élément proposé par le système dont nous venons de parler. En face de la situation qui lui serait faite, le métayer n'aurait qu'un moyen de se tirer d'affaires : travailler le moins possible, économiser sur ses efforts, sur ses instruments, sur le travail de ses animaux et diminuer en s'opposant aux ventes le plus possible les revenus du domaine.

Économie de travail, parce que ce travail étant tarifé à l'année, moins il y en aura pour le même prix, plus l'heure de travail ressortira chère.

Économie d'instruments, tout entière à son bénéfice, puisqu'ils lui appartiennent en propre et qu'il est seul à en payer l'entretien.

Enfin, diminution de travail des animaux et opposition aux ventes, de façon à réaliser à sa sortie, sur un cheptel augmenté et en bon état, le seul bénéfice que le propriétaire ne pourra pas lui enlever et qu'il aura acquis avec le minimum de frais.

Ce n'est plus l'association, c'est la discorde : ce n'est plus le métayage, c'est du colonat partiaire au tiers ou au quart.

En résumé l'impôt colonique est donc aujourd'hui constitué par les éléments suivants et seulement par ceux-là : 1° Somme représentative de la valeur de la moitié des produits difficilement partageables en nature. 2° Somme représentative de la valeur de la moitié des avantages dont le colon profite seul — voilà pour la partie accidentelle. 3° Loyer de la maison d'habitation. 4° Intérêts dûs en raison du non remboursement de la part de cheptel, rien autre chose — voilà pour la partie essentielle.

Bien entendu en ce qui concerne la partie accidentelle de l'impôt colonique, la plus grande liberté doit être laissée aux contractants. Nous avons énuméré quelques avantages à titre d'exemple seulement: il peut s'en trouver d'autres très spéciaux et très légitimes, il faut admettre la compensation pour tous mais sous la condition que nous exposerons plus loin celle de l'énumération détaillée de ces avantages.

Est-il donc une institution plus équitable ? Peut-on concevoir qu'on se soit élevé contre elle ?

CHAPITRE II

La raison des assauts qu'a eu à subir et que subit encore l'impôt colonique réside dans ce fait qu'il ne ressemble plus du tout à l'heure actuelle au portrait que nous en avons tracé. Cette institution excellente parce que légitime est devenue pesante aux épaules des métayers parce que les bailleurs en ont fait une application défectueuse.

Propriétaires ou fermiers généraux ont trop souvent frappé leurs colons d'une redevance en disproportion flagrante avec les éléments qui lui servent de base. Et ils l'ont fait sous le couvert de la légalité, car nous sommes dans une matière où les conventions font la loi des parties : le contrat est parfait, le bail est signé, le métayer est lié légalement. Mais parce que le bailleur est ouvertement protégé par la loi, parce qu'il est dans la légalité, il ne s'en suit pas forcément qu'il demeure dans l'équité. Légal et juste sont quelquefois, mais rarement synonymes.

Pour les uns, la fixation de l'impôt colonique ne connaît d'autres règles que le bon plaisir : leur demandez-vous sur quelles données ils ont basé leur tarif ? Ils n'en savent rien, ils ignorent quelle peut être la raison de cette redevance, ne voient aucune base pour en fixer la quotité et vous répondront seulement qu'ils ont établi le prix moyen des domaines de la région.

D'autres prennent comme base, un tarif à l'hectare de dix francs, de vingt francs ou plus : de sorte que si le domaine a soixante hectares il paiera 600 fr. ou douze cents francs ou d'avantage au gré du bailleur.

Avec cette manière de procéder on dirait bien en effet qu'il s'agit d'un véritable impôt, d'une taxe établie par nécessité de trouver de l'argent et sans s'inquiéter si le mode de percevoir se colore d'un semblant de logique.

Quel rapport y a-t-il entre le nombre d'hectares et l'impôt colonique? Aucun : et cette fixation par comparaison avec les charges établies dans des domaines de même étendue dans la même région est la source, même insoupçonnée quelquefois, des plus grandes injustices. Votre métayer paye un impôt colonique trop élevé. Cependant direz-vous il a un domaine de même étendue que tel domaine de mon voisin et il paye exactement le même prix. C'est vrai; mais ce ne sont pas les hectares qu'il faut compter, ce sont les avantages qu'il faut considérer; et plus mal logé, sans bois, sans volailles, sans avantages particuliers votre métayer paye trop cher.

Non content d'être mal établi, et pour cette raison déjà très dangereux, l'impôt colonique l'est encore davantage par ce fait qu'il est aujourd'hui trop souvent progressif.

Chez certains bailleurs il suit un développement parallèle à celui de l'exploitation; le domaine rapporte trois mille francs, le métayer paiera par exemple sept cents francs : il arrive à rapporter quatre mille le métayer paiera huit cents; à cinq mille on retiendra mille francs. La raison de cette ascension rapide est impossible à découvrir : voilà une exploitation qui progresse, grâce aux efforts simultanés, nous l'admettons, et du travail, et de la direction : pourquoi la direction s'arroge-t-elle une prérogative dans le partage de bénéfices réalisés en commun : d'où tire-t-elle ce droit?

D'aucune raison : il ne faut voir dans ce procédé qu'une sorte de saccade sur le mors pour prévenir un emballement : le métayer gagnerait trop, et la part du bailleur ne serait pas assez belle si on la condamnait à rester dans l'équité.

Le fait seul de faire payer au métayer un impôt colonique exagéré, ne constitue pas un vol au sens attribué à ce mot par les dispositions du Code Pénal : légalement en imposant des charges excessives vous ne volez pas parce que les conditions du contrat ont été librement débattues, parce que vous avez un bail en bonne et dûe forme, un titre en somme qui vous permet de percevoir. En conscience c'est une autre affaire et celui qui prend même légalement ce qu'il sait ne pas lui appartenir est un voleur, et il aggrave son acte indélicat en imposant à de telles redevances des majorations réitérées.

Et vous ne pouvez pas dire : « je n'impose rien à mon métayer, il est libre si mes conditions nouvelles ne lui plaisent pas de laisser la place à un autre » car vous savez très bien que votre métayer, s'il gagne à peu près sa vie chez vous, préférera encore vous abandonner cinquante ou cent francs que de chercher un autre domaine, opérer par les journées maussades du mois de novembre un déménagement sur des chars, hélas, ni capitonnés, ni même couverts ; opération qui est bien la plus triste qu'on puisse imaginer quand les meubles péniblement acquis de braves gens se promènent au pas

trainard des bœufs pendant dix et douze heures sous
une pluie battante, pour arriver salis, mouillés, brisés,
à la nuit noire dans le nouvel asile où la famille gre-
lotte sans feu, ni sans bois. Vous savez très bien que
le métayer en passera par où vous voudrez tant qu'il
pourra vivre et qu'il ne s'en ira que quand il sera à bout
de patience et de peine, quand les petits commenceront
à avoir faim.

L'opération à laquelle vous vous livrez quand vous
augmentez cet impôt colonique à un renouvellement
de bail est analogue à celle que fait l'État quand il opère
une conversion de la rente : il choisit le moment où
l'argent est abondant, où les placements sont difficiles
et il vous offre le choix entre une diminution de l'intérêt
et le remboursement du capital. Pour moins de soucis,
moins d'embarras vous acceptez la réduction.

Soyons modérés : admettons encore que ce ne soit
pas un vol, avouez au moins que c'est du chantage,
ça se ressemble d'ailleurs terriblement.

Citons en passant l'opération accomplie en huit ans
par un directeur d'exploitation sur l'un de ses domaines
et que nous croyons être le modèle du genre. Le
domaine comprenait au début soixante hectares et
supportait un impôt colonique de cinq cents francs :
chaque année l'impôt augmenta, et en même temps
que la redevance devenait plus forte le directeur
reprenait des terres au domaine pour les joindre à sa
réserve : si bien qu'aujourd'hui le domaine n'a plus
que quarante deux hectares, et le dernier métayer qui
payait neuf cents francs d'impôt colonique a laissé au
11 Novembre 1913 sa place à un autre qui, lui, paye
maintenant mille francs.

On a beaucoup accusé les fermiers généraux de jouer avec un peu trop de virtuosité de l'impôt colonique: à la vérité ils ne sont ni meilleurs ni pires que les propriétaires, il y en a de bons, il y en a de mauvais. En tous cas il est bien certain qu'ils sont dans notre organisation sociale actuelle des rouages indispensables; ils sont des intermédiaires, coûteux comme tous les intermédiaires mais cependant nécessaires, à telle enseigne que la loi elle-même dans certains cas en impose l'emploi.

Le fermier général n'est pas par nature un être mauvais, mais il est bien certain que passager sur une terre qui ne lui appartient pas, obligé à des paiements réguliers aux termes fixés, travaillant dans un seul but, gagner de l'argent, il est par les conditions dans lesquelles il exerce, enclin plus que tout autre à faire flèche de tout bois, à faire rendre au colon comme à la terre tout ce qu'il peut.

Et comme il y a une limite à tout, comme au-delà d'un certain chiffre on ne trouverait plus de métayer, comme la misère elle-même ne pourrait plus vivre, il a fallu chercher une autre combinaison.

Cette combinaison, née seulement depuis quelque vingt ans, tend aujourd'hui à se généraliser d'une façon inquiétante. Elle consiste pour certains fermiers généraux à affermer de grandes étendues de terrain, un nombre considérable de domaines. Nous voyons aujourd'hui des gens à la tête de vingt à trente domaines : il leur est matériellement impossible de diriger ces exploitations d'une manière effective. Aussi ne cherchent-ils pas, comme but, à obtenir de leurs fermes des rendements extraordinaires : il leur

suffit que ces rendements soient normaux et que l'exploitation laisse à la fin de l'année un bénéfice.

La véritable source des revenus réside dans l'impôt
colonique : voilà vingt domaines pour lesquels le fermier
général réussit à dénicher des métayers qui consentent
à lui payer chacun mille francs d'impôt colonique ;
c'est chaque année une somme de vingt mille francs
recueillie sans la moindre peine, c'est un capital de
deux cent mille francs payé par les métayers au bout
de dix ans. Joignez à cela la part du fermier dans les
bénéfices il peut s'en aller au bout de son bail avec un
dépôt sérieux dans ces banques où au début il emprun-
tait de l'argent.

Il nous a été donné d'entendre des agriculteurs
honnêtes poser cette question : « Quel avantage ont
donc ces gens à affermer de semblables étendues? Ils
n'ont aucun capital, ils sont obligés de payer l'intérêt
de l'argent qui leur est indispensable, ils ne peuvent pas
surveiller, ont-ils donc perdu l'esprit?

Loin de là, la raison de ces fermes colossales nous
vous l'avons donnée : ce qu'il est impossible de prendre
à un seul sans le tuer, on le prend à beaucoup qui en
souffrent, mais qui n'en meurent pas.

C'est ce qu'il y a de plus nouveau, c'est la dernière
création, et il faut avouer qu'elle est d'abord ingénieuse,
et qu'ensuite elle enrichit rapidement son homme. Aussi
est-il naturel qu'elle soit très en faveur dans un certain
monde et qu'elle tende à se généraliser. Le progrès des
moyens de locomotion permet d'assurer la façade :
chevaux, bicyclettes, automobiles, toujours sur la route
paraissent gémir sous la somme de travail que leur
possesseur accomplit, mais ce possesseur ne fait rien

de surhumain, ni d'extraordinaire ; il remue, il court d'un domaine à un autre, d'un champ de foire à un concours, très affairé sans s'émouvoir, car il se connaît un revenu à l'abri de la grêle, de la gelée, de la pluie et de la sécheresse, le bienfaisant impôt colonique, grandi, considérablement augmenté et surtout multiple.

Nous sommes loin de la conception normale du métayage : où est cet accord essentiel du directeur et du colon ? Où est cette collaboration de la pensée et de l'effort, où est enfin cette « affectio societatis » que nous ne saurions mieux traduire que par ce terme très à la mode d'entente cordiale? Au lieu de cela, d'un côté le désir toujours grandissant d'augmenter les charges injustement imposées au colon, de lui ravir ses plus légitimes espérances, de se faire une fortune avec sa peine et de ne lui laisser dans le cas le plus heureux que le nécessaire pour qu'il puisse vivre.

De l'autre côté, la haine sourde, le dégoût du travail, la lassitude de toujours peiner en vain, et tout cela la plupart du temps sans manifestation de colère et sans révolte ; et parce que le métayer ne se plaint pas et ne peut pas se plaindre, son exploiteur se croirait presque dans son droit, trop acharné au gain et trop aveuglé par son but malpropre et mauvais pour s'apercevoir qu'il n'y a pas de blâme plus cuisant pour l'oppresseur que le silence et le mépris des résignés.

CHAPITRE III

Voilà donc ce que les pirates du métayage ont su faire de l'impôt colonique ; voilà comment ils ont transformé une institution légitime et nécessaire en un instrument de torture.

Il y a parmi ces maîtres-chanteurs et des propriétaires et des fermiers généraux, mais cependant ces derniers sont en plus grand nombre, et cela ce conçoit. Le propriétaire est attaché à sa terre beaucoup plus que ne l'est le fermier; il n'a pas seulement pour but de gagner de l'argent, il cherche à améliorer son fonds, il peut faire des opérations à longue portée et pour l'avenir, il s'ingénie à garder les collaborateurs intelligents quand une fois il les a trouvés.

Le fermier passe, il ne fera que des opérations à court terme : peu lui importe la main qui exécutera ses desseins pourvu que cette main puisse s'ouvrir et il quittera le domaine quand il aura fait rendre aux terres et aux hommes tout ce qu'ils auront pu donner.

Enfin, le propriétaire sera peut-être encore maintenu dans l'équité par le bon renom de sa terre, et le désir d'éviter à son amour propre et à celui de ses enfants quelques blessures. Mais chez les propriétaires comme chez les fermiers il s'en rencontrera encore qui resteront dans l'équité parce que c'est leur élément, parce qu'ils n'envisagent pas la possibilité d'exister dans un autre milieu.

Quoi qu'il en soit il y a des abus : peut-on trouver quelque remède capable soit de les supprimer, soit de les diminuer.

Les supprimer parait chose impossible : il y aura toujours de par le monde des gens malhonnêtes et des miséreux : toutes les fois qu'il se trouveront réunis en la matière qui nous occupe, il en résultera un contrat de métayage tronqué et un impôt colonique excessif,

Il n'y a rien là cependant de spécial à notre institution : pareil état de choses se retrouve toutes les fois qu'il s'agit d'un louage d'ouvrage ou de services : ce n'est pas une infirmité du métayage c'est une infirmité sociale et qu'on ne peut pas supprimer d'un trait de plume, ce trait de plume fut-il même le long trait d'un texte législatif.

On tâche de remédier aux infirmités sociales, on essaye de les diminuer c'est tout ce qu'on peut faire, on ne les supprime pas.

Supposez en effet un directeur d'exploitation fermement résolu à gagner sur la part d'un métayer misérable : vous lui refusez l'impôt colonique il ne sera pas embarassé pour cela : il rédigera avec son métayer un contrat aux termes duquel ce dernier considérant que son travail serait trop largement rémunéré par la moitié des bénéfices, consent à fournir et ce travail et ses outils comme colon partiaire au tiers ou au quart ; et en face d'un contrat de ce genre il n'y a rien à dire.

Vous ne pouvez pas empêcher les contractants de faire entre eux telles conventions qui leur conviennent et si ces conventions ne conviennent pas absolument à l'un il ne doit plus se plaindre quand une fois il a signé. Et puis enfin il y aurait encore à défaut de cela, mille moyens d'arriver au but qu'on veut atteindre, la contre-lettre, des inscriptions d'accord au doit du métayer, des omissions dans les livres à la colonne des ventes, ou des augmentations fictives dans celle des achats etc., etc. Un homme auquel ses enfants demandent du pain consent à tous les sacrifices et il acceptera ceux-là pour assurer au moins son existence et celle des siens.

La suppression de l'impôt colonique ne peut donc pas être envisagée : l'institution est de l'essence même d'un métayage bien compris et sa disparition n'aménerait même pas le résultat désiré.

Il ne faut pas non plus tout demander à l'État sauveur et s'en remettre à lui du soin de faire disparaître les griefs des métayers. C'est une triste manie que la manie actuelle de recourir au gouvernement toutes les fois qu'il arrive quelque chose de fâcheux et c'est une triste habitude qu'a prise le gouvernement d'essayer de répondre à toutes ces requêtes. On disait autrefois : « de minimis non curat prœtor » — « le préteur ne s'occupe pas des petites affaires » et voilà qu'aujourd'hui il n'est occupé que de celles-là. Pourquoi? Battage électoral poudre aux yeux, et peut-être cette sollicitude pour les petites choses n'a-t-elle pas de meilleure cause que l'incapacité notoire à s'occuper des grandes.

Non pas qu'il soit dans notre pensée que le fait de donner à chacun son dû puisse être considéré comme une chose de minime importante : mais le législateur a fait son devoir quand il vous a dit : « j'ai établi des modèles de contrats qui se suffisent à eux-mêmes et j'assurerai l'observation de ces contrats : si pour des raisons qui vous sont personnelles vous avez accepté des conditions onéreuses d'un propriétaire rapace, c'est votre affaire et je n'y puis rien. »

Mais direz-vous les prétentions exagérées du bailleur transforment bien cette société en société léonine et on désigne sous ce nom de société léonine celle où l'un des associés se fait à lui-même la part du lion : or l'article 1855 au titre des sociétés prévoit ce cas.

Il le prévoit, mais n'empêche rien : il dit bien que de telles sociétés sont nulles; attaquez votre bailleur on vous donnera peut-être raison, mais c'est tout-à-fait inutile puisque vous pouvez rompre votre contrat chaque année : ce sera plus vite fait et moins coûteux. Et de plus à la moindre réclamation c'est le bailleur qui vous congédiera. Cet article peut servir quand il s'agit de sociétés établies pour un temps assez long mais dans notre cas il ne sert à rien.

Le législateur cependant pourrait faire quelque chose, non pas pour supprimer les abus, mais au moins pour les diminuer. Son intervention consisterait dans la disposition suivante : « Les contractants sont obligés d'indiquer d'une façon très précise quels sont les avantages propres au métayer dans le domaine qu'il va faire valoir, et quelle estimation les deux parties, d'un commun accord, ont attribuée à chacun de ces avantages. »

Le résultat de l'application de cette règle serait de limiter l'arbitraire dans la mesure du possible. Le directeur de l'exploitation, tout en inscrivant comme prix d'estimation le chiffre fort, ne pourrait dépasser de beaucoup la valeur vraie. Avec le système actuel du vague et de l'indéfini, l'impôt colonique étant établi en bloc et majoré sans raisons, les excès se constatent mais ne peuvent pas se discuter faute de points fixes auxquels les mesurer. Et le métayer lui-même faute de savoir sur quoi doit porter légitimement l'impôt colonique, sait bien, comme il le dit, qu'il paye trop cher mais est incapable d'expliquer pourquoi. De cette façon il le saura : il s'expliquera que chacun des avantages qui lui sont attribués emporte avec lui sa contre-partie, qu'équitablement il doit payer quand avec sa part il prend celle du propriétaire, mais il saura que ses obligations s'arrêtent là.

D'un autre côté, ce que le directeur fait très facilement sans être obligé de donner de raisons, il n'osera peut-être plus le faire quand il sera obligé de motiver toutes ses reprises. Plus il augmentera l'estimation de chaque avantage, plus il appuiera lourdement sur sa signature : éclairé et sachant à quoi s'en tenir sur les redevances qui peuvent lui être dûes il manifestera ouvertement et sa cupidité et son désir de nuire quand il les augmentera d'une manière exagérée. Au lieu de léser son métayer dans l'ombre et dans le néant des motifs, sous le couvert d'une habitude trop générale, presque devenue un droit, il sera obligé de le voler ouvertement et de reconnaître qu'il le vole sciemment. Peut-être a-t-on lieu d'espérer qu'il hésitera.

Le rôle du législateur ne saurait aller plus loin. Il pourrait tout au plus édicter des peines sévères contre ceux qui ne craindraient pas de réduire la part de leur associé par des comptes fictifs, d'accord avec lui, considérer l'adhésion du métayer à ce procédé comme viciée par la violence et l'admettre à en faire la preuve pendant tout le cours de son bail et à sa sortie. Peut-être cette menace suspendue sur leur tête, les ferait-elle réfléchir et serait-elle de nature à les emprisonner dans l'équité.

On ne peut pas faire davantage : nous sommes en effet dans le domaine de la conscience et pour le reste, il faut l'attendre du relèvement de la moralité du métayer et du bailleur. Toute organisation humaine est créatrice d'abus : il y en aura toujours là comme ailleurs occasionnés par la malléabilité des malheureux : ce sont en général les métayers misérables qui sont exploités et il est à remarquer qu'on ne trouve guère que de ceux-là chez les directeurs d'exploitation qui ont la réputation de « faire payer très cher. » Chez ceux-là vous entrez pauvre, vous en sortez de même avec la seule satisfaction d'avoir vécu.

Il n'est possible dès lors que de donner un conseil aux métayers : traitez peu avec des voleurs et ne craignez pas, si vous avez été pris, de crier très fort « au voleur » quand vous sortirez.

*
* *

Si l'impôt colonique ne rend plus pour certains ce qu'ils avaient pris l'habitude de lui faire donner, si ce moyen de fortune devient inexistant, il s'en suivra fatalement une diminution du nombre des fermiers généraux, lesquels ne trouveront plus les bénéfices suffisants et chercheront à placer ailleurs leur activité et leurs ressources d'ingéniosité. En conséquence de la diminution des demandes, les propriétés s'affermeront moins cher et il faut qu'elles s'afferment moins cher si l'on veut plus de justice à l'égard des métayers.

En effet : les propriétaires qui ne s'adonnent pas à l'agriculture, qui se déchargent sur des fermiers de ces soucis sont pour beaucoup responsables de la situation des métayers quand leurs fermiers font valoir par métayage. Le propriétaire n'a qu'un objectif : retirer de sa terre le plus gros fermage possible : plus le fermier paiera un prix élevé, et le paiera régulièrement, meilleur il sera. Mais il sera meilleur seulement pour le propriétaire : car il faut que lui, fermier, puisse vivre, qu'il fasse vivre les siens, que son entreprise lui fasse gagner de l'argent, qu'il ait en somme un bénéfice. Où donc le prendra-t-il? Pas sur le propriétaire qui sera toujours plus disposé à augmenter son prix de ferme qu'à le diminuer : il ne reste qu'un homme capable de payer en même temps la ferme et le fermier, c'est le métayer et c'est trop généralement ainsi.

Et ce fait est constaté par les meilleurs auteurs qui ont traité du métayage : c'est Rieffel, dans son manuel de métairies : « La position des fermiers intermédiaires amène des résultats faciles à comprendre. Comme le métayage n'est pas pour eux un but mais simplement un moyen, ils oppriment les métayers et leur imposent les plus dures conditions. En exigeant sous diverses formes et d'une manière arbitraire plus de la moitié des produits, en augmentant les redevances hors de toute équité, ils mettent la main sur les économies que les métayers pourraient faire et par là arrêtent tout progrès possible par le capital et mettent le métayage en tutelle et dans la misère... »

C'est Léonce de Lavergne : « Ces fermiers, simples intermédiaires de fait... ne sont que des spéculateurs. »

C'est le Comte de Gasparin dans son Traité du Métayage : « Au milieu des métayers il y a des fermiers, mais s'ils administrent directement, ils offrent tant d'inconvénients, on éprouve avec eux tant de mécomptes que les propriétaires qui savent compter se tiennent sur la réserve. S'ils opèrent indirectement ils se livrent à de telles spéculations, ils se montrent si exigeants, si tyranniques à l'égard des métayers qui dépendent d'eux qu'ils n'inspirent aucune confiance... »

Certains propriétaires disent : « On prétend que mon fermier est dur pour ses métayers, mais il me paye bien, cela n'est pas mon affaire ». Eh bien si cela est votre affaire : car en dehors des dispositions naturelles que peut avoir votre fermier à opprimer ses métayers, il y est encore singulièrement poussé par votre manière de faire : l'âpreté que vous montrez au gain vis-à-vis de lui autorise en quelque sorte la sienne vis-à-vis de ses colons. Il faudrait de toute nécessité lui donner une marge suffisante de bénéfices, pour qu'il laisse à son tour à son colon ce qui lui est dû. Il est plus difficile d'être honnête quand on a besoin, moins difficile quand on est aisé, facile quand on a tout.

Et en somme, ce n'est que justice : car enfin, si vous, propriétaires de terrains, vous vous déchargez sur d'autres du soin de faire valoir, admettez-vous qu'il soit juste que votre propriété vous rapporte autant que si vous vous en occupiez vous-même ? Par commodité, parce que vous êtes occupé ailleurs, par manque de savoir ou incapacité vous prenez un fermier : payez-le en lui laissant prendre sur votre fonds une part qui lui permette de vivre et ne l'obligez pas à demander malhonnêtement sa subsistance à ses métayers. Et ce sera là la rançon ou de votre apathie, ou de votre incapacité, ou de la fonction que vous exercez ailleurs et qui vous rapporte peut-être plus de profits encore que vos terrains.

Il faudrait même aller plus loin, et à notre avis quand il s'agit d'une terre exploitée par des métayers, ce ne devrait pas être au fermier à fixer l'impôt colonique, mais au propriétaire. Avec les bases que nous avons données à l'impôt colonique, c'est le fonds lui-même qui le comporte, il devient en quelque sorte un accessoire presque invariable du domaine. Le propriétaire nous semble mieux placé que n'importe qui pour fixer la valeur de cet accessoire, car que donne en somme le propriétaire au fermier dans le cas qui nous intéresse ? Ce n'est pas seulement une propriété que le fermier pourra organiser à sa guise, c'est une propriété déjà organisée en vue du métayage, qu'elle soit au moins organisée complètement. Peut-être le fermier objectera-t-il que le propriétaire pourrait se laisser aller, faute d'un intérêt immédiat, à faire au colon des conditions trop favorables, à lui dans ce cas de fixer son prix de ferme en tenant compte de ces faveurs si faveurs il y a, ou mieux encore de prendre en nature sa part de tout ; cette seconde manière est compliquée mais n'est pas pour cela impossible.

On pourrait encore tirer quelque chose de ce raisonnement et l'on ne voit pas pourquoi le propriétaire ne percevrait pas directement la part d'impôt colonique afférente au loyer : car les immeubles restent bien à sa charge comme entretien et comme réparations, bien entendu il compte retrouver dans la somme qui lui est fournie par le fermier la part équivalente aux frais de cet entretien et en fait il la reçoit, elle est comprise dans le fermage. Mais au moins cette manière de procéder supprimerait totalement un article capable d'être estimé trop haut par le fermier.

*
* *

A notre avis voilà seulement ce qu'il est raisonnablement permis de proposer pour rendre à l'impôt colonique sa véritable place dans l'institution du métayage. Les bases rationnelles et légitimes que nous lui avons fixées permettent une évaluation facile des redevances correspondantes, leur inscription en détail dans les baux peut garantir le métayer contre des surcharges iniques ; des peines sévères pour les combinaisons à côté doivent maintenir la direction dans le souci de l'équité par la crainte de révélations déshonorantes.

Lorsqu'éclata la crise, et que la guerre fut déclarée à l'impôt colonique, quelques propriétaires, faute de rechercher d'où venait le mal, quels moyens il convenait de lui opposer et mus par un sentiment généreux, décidèrent la suppression des fermiers généraux et affermèrent leurs domaines à ceux qui les détenaient en qualité de métayers. Ce fut là une erreur dont on revient aujourd'hui : ce ne fut l'avantage ni du propriétaire ni du colon.

A l'heure présente, pas plus dans l'agriculture que dans l'industrie, on ne gagne rien sans capitaux, sans mise de fonds : c'est l'argent qui produit l'argent. Et ces métayers érigés d'un seul coup en fermiers, très au courant de leur travail, courageux et intelligents, n'ont pas pu réussir faute d'argent : incapables de fournir aux terrains les engrais voulus, dans l'impossibilité de se procurer de bons reproducteurs, à la merci d'épidémies comme la fièvre aphteuse, ils ont vu diminuer rapidement les rendements de leurs terres en même temps que s'appauvrissait leur cheptel. Alors ils ont demandé à redevenir métayers en rendant au propriétaire des terres fatiguées et un cheptel à reconstituer.

Gardons le métayage avec son corollaire indispensable l'impôt colonique : gardons même les fermiers généraux mais en essayant de mettre les mauvais dans l'impossibilité de nuire. Notre métayage, honnêtement pratiqué, est l'idéal des contrats de société, il est le type le plus parfait de l'association du capital et du travail.

A chacun son dû : les métayers sont-ils tous aujourd'hui à la hauteur de la situation qui leur est faite et sont-ils toujours de véritables associés?

Il y a un argument en faveur de l'impôt colônique arbitraire, très souvent cité et qui consiste à dire ceci : « Le métayer peut bien payer un peu cher, je ne suis pas toujours là pour voir tout ce qu'il me prend. » Il devient à ce point de vue l'instrument pour exercer des reprises, dans une association qui n'est plus qu'une association de malfaiteurs : c'est à celui qui pillera l'autre.

Il est bien certain qu'il en est quelquefois ainsi, mais ce n'est pas très fréquent et les bons métayers ne manquent pas.

C'est à ceux-là cependant qu'il manque encore quelque chose : ce quelque chose c'est la conscience bien nette de leur état d'associés. Parce que différents du directeur de l'exploitation ou par la culture intellectuelle ou par la fortune, ils s'obstinent à se considérer plutôt comme des domestiques, comme des malheureux au service d'un plus riche. Il est vrai que dans certains cas, la rapacité et la morgue des bailleurs ont plutôt contribué à les maintenir dans ce sentiment.

La vérité c'est qu'ils sont au point de vue de la marche de leur domaine exactement sur le même plan que le propriétaire. Il faut là comme ailleurs une direction et c'est ce dernier qui l'assume, mais ils ont le droit de discuter les mesures à prendre, droit de donner leur avis et surtout droit de voir clair dans tout ce qui est entrepris. L'association n'existe pas seulement dans la contribution aux bénéfices et aux pertes, elle ne doit pas être uniquement une association de résultats elle doit être surtout une association de moyens.

Et alors il serait incompréhensible que le métayer n'agisse pas équitablement vis-à-vis d'un associé qui reste dans son droit. Qu'il ne profite donc pas de la confiance qu'impose l'institution pour dérober au propriétaire qui le sait souvent et qui ne dit rien, et un peu des semences, et un peu de la nourriture des porcs au profit des volailles, et un peu de lait pour vendre du beurre, que sais-je encore ? autant d'opérations basses, mesquines et sournoises qui font douter le directeur de son associé.

Cette façon de procéder légitimerait des reprises et comme il est impossible d'en fixer le taux, c'est l'arbitraire né de la méfiance. Or, ce sont là les deux points noirs du métayage : ce sont les deux tares qu'il faut à tout prix exclure car elles sont l'origine de tous les maux. Et pour cela il suffit que chacun ait pleinement conscience de son rôle : que le métayer vienne au directeur sans arrière-pensée, et que le directeur l'y aide en se souvenant que commandement n'est synonyme ni d'impolitesse ni de mépris.

Quoi qu'il en soit il a une si grande force ce contrat de métayage, il est si nécessaire et tellement aimé de ceux qui le pratiquent que les menées syndicalistes, les discours de tréteaux de politiciens affamés n'ont même pas pu l'entamer ! C'est qu'aussi il est la providence des bonnes volontés sans argent, des courages sans outils : et quand ce courage trouve à s'allier à un capital intelligent et généreux il crée ces associations sans nuage que nous voyons durer non seulement la vie des hommes, mais passer aux générations suivantes et qui sont l'honneur des familles et des propriétés.

Voilà ce qu'il faudrait partout : nous n'avons pas la prétention que cette étude modeste puisse opérer un tel miracle et nous serions suffisamment payés si elle pouvait amener seulement un peu d'amélioration là où il en est besoin. Nous n'avons eu qu'un but : faire de la lumière car le mal est du domaine de l'ombre.

ERRATA

Page 8, ligne 12, lire : diminuée.
— — ligne 27, lire : recueillie.
Page 11, ligne 14, lire : des Syndicats.
Page 12, ligne 15, lire : domestique.
Page 16, ligne 24 in fine, lire : la

BLONDEAU & THOMAS — DIGOIN

www.ingramcontent.com/pod-product-compliance
Ingram Content Group UK Ltd.
Pitfield, Milton Keynes, MK11 3LW, UK
UKHW020040080726
13614UKWH00004B/1879